4997

DES

PUBLICATIONS POPULAIRES.

Lettre à M. Chapuys-Montlaville.

EXTRAIT DE LA REVUE INDÉPENDANTE,

RUE DES SAINTS-PÈRES, 16.

Livraison du 10 Août 1843.

PARIS,
IMPRIMERIE SCHNEIDER ET LANGRAND,
RUE D'ERFURTH, 1, PRÈS L'ABBAYE.
1843.

DES

PUBLICATIONS POPULAIRES.

LETTRE A M. CHAPUYS-MONTLAVILLE.

Mon cher collègue,

Je me suis dit souvent à moi-même ce que vous dites avec tant de sens à vos lecteurs dans l'introduction du livre utile que vous avez bien voulu m'adresser : « Après avoir nivelé les droits, il faut niveler, autant que possible, les intelligences. L'œuvre de ce temps-ci, c'est de faire monter les masses jusqu'à des conditions de civilisation, de loisir relatif et d'aisance qui leur permettent de s'instruire ; c'est de faire descendre l'instruction, en la vulgarisant, jusqu'à la portée des masses. Une encyclopédie populaire serait une révolution pacifique accomplie. »

Votre ouvrage me semble donc répondre au premier besoin du pays. Inspiré par un sentiment de religieuse solidarité entre toutes les classes de la nation, écrit avec la persuasive autorité de la bienveillance, il ira au cœur du peuple autant qu'à son esprit. Le peuple n'écoute que ceux qui l'aiment. N'est-ce pas par la charité bien plus que par le dogme que la religion s'est emparée du genre humain ? Mais dans quel esprit vous et vos amis écrirez-vous cette histoire à l'usage du peuple ? C'est ici que je vous demande la permission de placer une seule réflexion ; elle ne vous a pas échappé, sans doute ; mais je crois utile qu'elle soit inscrite en tête d'un livre dédié par vous à la multitude.

Jusqu'à présent on a beaucoup flatté le peuple. C'était montrer qu'on ne l'estimait pas encore assez ; car on ne flatte que ce qu'on veut séduire. Pourquoi l'a-t-on flatté ? C'est qu'on faisait du peuple un instrument, et non un but. On se disait : La force est là ; nous en avons besoin pour soulever des gouvernements qui nous gênent, ou pour absorber des nationalités que nous convoitons ; appelons le peuple à nous, enivrons-le de lui-même ; disons-lui que le droit est dans le nombre ; que sa volonté tient lieu de justice ; que Dieu est avec les gros bataillons ; que la gloire est l'amnistie de l'histoire; que tous les moyens sont bons pour faire triompher les causes populaires, et que les crimes même s'effacent devant la grandeur et la sainteté des résultats ; il nous croira, il nous suivra, il nous prêtera sa force matérielle ; et quand, à l'aide de ses bras, de son sang et même de ses crimes, nous aurons déplacé la tyrannie et bouleversé l'Europe, nous licencierons le peuple et nous lui dirons à notre tour : Tais-toi, travaille et obéis !.. Voilà comment jusqu'à présent on lui a parlé ; voilà comment on a transporté dans la rue les vices des cours, et donné au peuple un tel goût d'adulation et un tel besoin de complaisances et de caresses, qu'à l'exemple de certaines souverainetés du Bas-Empire, il n'a plus voulu qu'on lui parlât qu'à genoux. Ce n'est pas cela ; il faut lui parler debout, il faut lui parler de niveau, il faut lui parler en face. Il ne vaut ni plus ni moins que les autres éléments de la nation. Le nombre n'y fait rien. Prenez un à un chacun des individus qui composent une foule, que trouvez-vous ? mêmes ignorances, mêmes erreurs, mêmes passions, souvent mêmes vices qu'ailleurs. Y a-t-il là de quoi s'agenouiller ? non. Multipliez tant que vous voudrez toutes ces ignorances, tous ces vices, toutes ces passions, toutes ces misères par millions d'hommes, vous n'aurez pas changé leur nature ; vous n'aurez jamais qu'une multitude. Laissons donc le nombre, et ne respectons que la vérité.

C'est devant la vérité seule qu'il faut vous placer en écrivant l'histoire à l'usage du peuple ; et ne croyez pas que vous serez moins lu, moins écouté et moins populaire pour cela ; le peuple a deux goûts dépravés : l'adulation et le mensonge ; mais il a deux goûts naturels : la vérité et le courage. Il respecte ceux qui osent le braver ; ceux qui le craignent, il les méprise. Il y a des animaux féroces qui ne dévorent que ceux qui fuient ou qui tombent devant eux. Le peuple est comme le lion qu'il ne faut pas aborder de côté, mais en face, les yeux dans ses yeux, la main dans sa crinière avec cette familiarité ferme et confiante qui prouve qu'on se livre, mais qu'on s'estime, et qui dit aux multitudes : Comptez-vous tant que vous voudrez ; moi je me sens.

Cela dit, quel point de vue choisirez-vous pour écrire cette histoire populaire? Il y en a trois principaux auxquels vous pouvez vous placer : le point de vue de la gloire, le point de vue du patriotisme, le point de vue de la civilisation, ou de la moralité des actes que vous allez raconter. Si vous écrivez au point de vue de la gloire, vous plairez beaucoup à une nation guerrière qui a été éblouie bien avant d'être éclairée, et que cet éblouissement a aveuglée si souvent sur la valeur réelle des hommes et des choses qui brillaient dans son horizon. Si vous vous placez au point de vue exclusif de son patriotisme, vous passionnerez beaucoup un peuple qui a pour son sublime égoïsme l'excuse même de son salut et de sa grandeur, et qui, en se sentant si grand et si fort, a pu croire quelquefois qu'il était seul et que l'Europe se résumait en lui ; mais ni l'un ni l'autre de ces points de vue ne vous donneront la vérité vraie, c'est-à-dire la vérité générale ; ils ne vous donneront que la vérité française ; or, la vérité française n'est vraie qu'à Paris ; passez la frontière, c'est un mensonge. Ce n'est pas à cette vérité bornée par les limites d'une nation que vous voulez consacrer votre enseignement ni réduire l'intelligence du peuple. Que vous reste-t-il donc à choisir? le point de vue universel et permanent, c'est-à-dire le point de vue de la moralité des actes individuels ou nationaux que vous avez à décrire. Tous les autres sont éclairés par un jour faux ou conventionnel, celui-là seul est éclairé par un jour complet et divin ; celui-là seul peut guider l'incertitude des jugements humains à travers le dédale des préjugés, des opinions, des passions, des égoïsmes personnels ou nationaux, et faire dire au peuple : Ceci est bien, ceci est mal, ceci est beau. En un mot, si vous voulez former le jugement des masses, les arracher à l'immorale théorie du succès, faites quelque chose qui n'a pas encore été fait jusqu'ici ; *donnez une conscience à l'histoire.* Voilà le mot du temps, voilà l'œuvre digne du peuple et l'entreprise digne de vous ! Avec un tel procédé historique vous plairez moins immédiatement peut-être à l'imagination passionnée des masses, mais vous servirez mille fois plus leur cause, leurs intérêts et leur raison. Un exemple : voici un des plus grands événements du siècle, une de ces journées qui décident pour longtemps du sort d'une révolution, d'une nation, d'un empire : *le 18 brumaire.* Vous aurez sans doute à le raconter ; comment l'envisagerez-vous? Sera-ce du point de vue de la gloire? C'est éblouissant, cela brille comme une épée nue au soleil, cela tourbillonne comme la poussière d'un escadron qui passe en remplissant l'oreille de bruit, les yeux d'éclat ! Voilà un homme sorti des camps, venant de loin, précédé de son nom, appuyé sur sa renommée, habitué à la discipline, fatigué de la lenteur, de la résistance et du bruit importun d'un gouvernement de discussion, qui s'impatiente de l'œuvre lente et collective de la liberté à fonder, qui profite d'un moment de découragement de l'esprit public, qui monte à cheval à la tête de quelques grenadiers, qui brise toute cette machine républicaine avec son sabre, et qui dit : « A moi l'empire; vous ne savez que parler, je vais agir! » Il réussit ; la révolution lui tombe dans la main ; il la transforme à son gré, en fait ce qu'il veut; ne sachant pas en faire une nation, il en fait une armée, il la lance sur le monde, il l'enivre de victoires, il s'en fait couronner ; c'est bien beau ! Faites sonner, faites reluire tout cela aux yeux des masses, elles seront éblouies ; les aurez-vous instruites?

Envisagerez-vous le même événement au point de vue du patriotisme national ? C'est la monarchie universelle du drapeau français ; le peuple se voit partout sous l'image de son armée victorieuse ; le patriotisme français paraît grand comme le continent, il dit : « L'Europe, c'est moi ; » il se déifie lui-même. Le fait ainsi présenté, vous fanatiserez les masses pour un événement qui leur a ravi, avant qu'ils fussent mûrs, tous les fruits de la révolution et toutes les conquêtes morales du dix-huitième siècle. Les aurez-vous grandies ?...

Enfin, envisagerez-vous ce même événement du point de vue de la moralité de l'acte et de la vraie civilisation? tout change ; voilà un homme à qui le gouvernement libre de son pays a confié une armée pour le défendre contre les factions, et qui fait de son armée une faction militaire contre ce gouvernement. Voilà une révolution terrible, anarchique, sanglante, qui, par la seule puissance de l'esprit public et le jeu libre des réactions civiles, avait traversé les crises les plus déplorables, se lavait les mains avec honte du sang odieusement versé, rougissait des proscriptions, commençait à chercher son centre de gravité entre la démagogie et le despotisme, et dont les oscillations désordonnées tendaient chaque jour à se tempérer et à s'inscrire dans les limites d'un mouvement de liberté vital, mais régulier. Cet homme survient, il arrête le mouvement révolutionnaire précisément au point où il cessait d'être convulsif pour devenir créateur. Il se fait lui-même réaction contre une liberté qui commençait déjà à réagir par elle-même. Il s'arme de tous les repentirs, de tous les ressentiments, de toutes les apostasies qu'une révolution sème toujours sur sa route; il écrase la liberté naissante avec les débris mêmes de tout ce qu'elle a renversé pour éclore; il refait un ancien régime avec des choses et des noms d'hier; il fait rétrograder la presse jusqu'à la censure, la tribune jusqu'au silence, l'égalité jusqu'à une noblesse de plébéiens, la liberté jusqu'aux prisons d'État, la philosophie et l'indépendance des cultes jusqu'à un concordat, jusqu'à une religion d'État, instrument de règne, jusqu'à un sacre, jusqu'à l'oppression et la captivité d'un pontife. Il étouffe partout en Europe l'amour et le rayonnement pacifique des idées françaises, pour n'y faire briller que les armes odieuses de la violence et de la conquête. Quel est le résultat final de ce drame à un seul acteur, au lieu du grand drame national et européen que la révolution, réglée et laissée à son propre mouvement, pouvait dérouler pendant ces trente dernières années? Vous le voyez; un nom de plus dans l'histoire, mais l'Europe deux fois à Paris; mais les limites de la France resserrées par l'inquiétude ombrageuse de tout l'Occident désaffectionné; mais l'Angleterre réalisant, sans rivale, la monarchie universelle des mers, et en France même la raison, la liberté et les masses retardées indéfiniment par cet épisode de gloire, et ayant peut-être à marcher plus d'un siècle pour regagner le terrain perdu en un seul jour. Voilà le 18 brumaire vu de ses trois aspects. Ai-je besoin de vous dire le mien?

Vous pouvez faire la même épreuve sur chaque épisode de la révolution française; vous retrouverez partout ces trois aspects : l'aspect purement individuel, la gloire; l'aspect exclusivement national, le patriotisme; enfin l'aspect moral, la civilisation. Et, en pressant le sens de chacun de ces événements dans la main d'une logique rigoureuse, vous arriverez partout et toujours à ce résultat que la gloire et le patriotisme même, séparés de la moralité générale de l'acte, sont stériles pour la nation et pour le progrès réel du genre humain ; et, qu'en un mot, il n'y a point de gloire contre l'honnête, point de patriotisme contre l'humanité, point de succès contre la justice.

Quel beau commentaire de la Providence qu'une histoire ainsi écrite à l'usage des masses, et j'ajoute : Quel bienfait pour le peuple et quel gage de sa future puissance mis ainsi dans sa main avec un pareil livre ! Apprendre au peuple par les faits, par les dénoûments, par le sens caché de ces grands drames historiques, où les hommes ne voient que les décorations et les acteurs, mais dont une main invisible combine le plan, lui apprendre, dis-je, à se connaître, à se juger, à se modérer lui-même, le rendre capable de discerner ceux qui le servent de ceux qui l'égarent, ceux qui l'éblouissent de ceux qui l'éclairent ; lui mettre la main sur chaque homme, sur chaque grand événement de sa propre histoire et lui dire : Pèse-les toi-même ; non pas au faux poids de tes passions du jour, de tes préjugés, de tes colères, de ta vanité nationale, de ton étroit patriotisme ; mais au poids juste et vrai de la conscience universelle du genre humain et de l'utilité de l'acte pour la civilisation ; le convaincre que l'histoire n'est pas un hasard, une mêlée confuse d'hommes et de choses, mais une marche en avant à travers les siècles, où chaque nationalité a son poste, son rôle, son action divine assignés ; où chaque classe sociale elle-même a son importance relative aux yeux de Dieu ; enseigner par là au peuple à se respecter lui-même et à participer, pour ainsi dire, religieusement, avec conscience de ce qu'il fait, à l'accomplissement progressif des grands desseins providentiels ; en un mot, lui créer un sens moral, et exercer ce sens moral sur tous ses règnes, sur tous ses grands hommes et sur lui-même, j'ose dire que c'est là donner au peuple bien plus que l'empire, bien plus que le pouvoir, bien plus que le gouvernement ; c'est lui donner la conscience, le jugement et la souveraineté de lui-même ; c'est le mettre au-dessus de tous les gouvernements ; le jour où il sera en effet digne de régner, il régnera, et peu importe alors sous quelle forme et sous quel nom ; les gouvernements ne sont, après tout, que le moule où se jette la statue d'un peuple et où elle prend la forme que comporte sa nature plus ou moins perfectionnée. A quoi bon changer vingt fois le moule, si vous ne changez pas l'argile ? ce sera toujours de l'argile. C'est le peuple qu'il faut modifier ; les gouvernements se modifieront à son image, car tel peuple, tel gouvernement, soyez-en sûr ; et quand un peuple se plaint du sien, c'est qu'il n'est pas digne d'en avoir un autre. Voilà l'arrêt que Tacite portait déjà de son temps, il est encore vrai de nos jours.

Mais votre tentative pour populariser l'histoire a réveillé en moi une pensée qui dort depuis dix ans dans mon âme, pensée que j'ai présentée à réaliser tour à tour aux grands partis et au gouvernement de mon pays, et qu'ils ont laissée tomber à terre avec indifférence, parce que ce n'était pas une arme de guerre pour se combattre, mais un instrument d'amélioration et de paix pour façonner la nation. Cette pensée, la voici :

Je me suis dit : Notre liberté de la presse, notre gouvernement de discussion et de publicité, notre mouvement industriel, notre enseignement primaire surtout, institué dans nos quarante mille communes, répandent avec une profusion croissante l'enseignement élémentaire dans les régions inférieures de la population ; c'est-à-dire que tout cela donne la faculté, l'habitude et le besoin de lire à des masses considérables du peuple ; mais après leur avoir créé ce besoin, que leur donne-t-on pour le satisfaire? qu'écrit-on pour eux ? Rien. Notre éducation à nous, fils du riche, privilégiés du loisir, se continue sans lacune toute notre jeunesse, et même toute notre vie. Après l'enseignement élémentaire que nous suçons sur les genoux de notre mère, les collèges nous reçoivent ; nous passons de là aux grands cours des universités ; nous entendons les maîtres célèbres que l'État salarie pour nous dans les capitales : sciences, philosophie, lettres humaines, politique, tout nous est versé à pleines coupes ; et, si ce n'est pas assez, des bibliothèques intarissables s'ouvrent pour nous ; des revues, des journaux sans nombre, auxquels notre aisance nous permet de nous abonner, travaillent pour nous, toute la semaine ou toute la nuit, pour venir nourrir notre intelligence chaque matin de la fleur de toutes les connaissances humaines, et provoquer notre esprit à un travail insensible et à une perpétuelle réflexion. A un pareil régime il ne meurt que ce qui ne peut pas vivre : l'incapable ou l'indifférent. La vie est une étude jusqu'à la mort. Pour les enfants du peuple, au contraire, rien de tout cela. Cependant ils ont leur part de loisir aussi. Les jours de fête et de repos, les veillées d'hiver, les temps de maladie, les heures perdues ; il n'y a pas de profession où une part quelconque de la journée ou de la vie ne puisse être consacrée à la lecture. Combien d'heures oisives pour vos cinq cent mille soldats dans leurs garnisons, pour vos soixante mille marins sur le pont de leurs navires, quand la mer est belle, le vent régulier ; combien pour vos innombrables ouvriers qui se reposent ou se fatiguent d'oisiveté habituellement quarante-huit heures par semaine ; combien pour les femmes, les vieillards, les enfants à la maison, les gardiens des troupeaux dans les champs ! Et où est la nourriture intellectuelle de toute cette foule ? où est ce pain moral et quotidien des masses ? Nulle part. Un catéchisme ou des chansons, voilà leur régime. Quelques crimes sinistres racontés en vers atroces, représentés en traits hideux et affichés avec un clou sur les murs de la chaumière ou de la mansarde, voilà leur bibliothèque, leur art, leur musée à eux ! Et pour les plus éclairés quelques journaux exclusivement politiques qui se glissent de temps en temps dans l'atelier ou dans le cabaret du village, et qui leur porte le contre-coup de nos combats parlementaires ; quelques noms d'hommes à haïr et quelques popularités à dépecer comme on jette aux chiens des lambeaux à déchirer, voilà leur éducation civique ! Quel peuple voulez-vous qu'il sorte de là ?

Eh bien, j'avais pensé à combler cette immense lacune dans la vie morale et intellectuelle des masses, non pas seulement par des livres qu'on prend, qu'on lit une fois et qu'on ne relit plus ; mais par le seul livre qui ne finit jamais, qui recommence tous les jours ; qu'on lit malgré soi, pour ainsi dire, et par cet instinct insatiable de curiosité et de nouveauté qui est un des appétits naturels de l'homme, c'est-à-dire par le livre quotidien, par le journalisme populaire ; car le journalisme, ce n'est pas un caprice, c'est la succession même du temps marquée heure par heure sur le cadran de l'esprit humain.

Créer un journal des masses quotidien, à grand format, à un prix d'abonnement qui ne dépasse pas cinq journées de travail, attacher à la rédaction de cette œuvre, sans acception d'opinion ou de parti, par le sentiment même du bien à faire et par de hautes et honorables rétributions de leur travail, tous les hommes qui, en France ou en Europe, marchent à la tête de la pensée, de la philosophie, de la science, de la littérature, des arts et même des métiers ; demander à chacun d'eux un certain nombre d'articles sur chacune des hautes spécialités où ils règnent : à celui-ci la philosophie morale, à celui-là l'histoire, à l'un la science, à l'autre la poésie, à un autre la politique, mais la politique générale seulement et dans ses principes les plus unanimes, sans aucune polémique vive et actuelle contre les hommes et contre les gouvernements; les engager à faire descendre toutes ces hautes pensées de l'intelligence jusqu'à la portée des esprits les moins abstraits, en termes clairs, précis, substantiels; à se traduire, à se monnayer pour ainsi dire eux-mêmes de la langue savante dans la langue vulgaire; associer à cet enseignement élémentaire, successif et varié, le récit des principaux faits nationaux ou européens, le procès-verbal complet de la journée dans l'univers entier; faire pénétrer ainsi la clarté générale par toutes les portes, par toutes les fenêtres, par toutes les fissures des toits du peuple, et faire participer ces masses d'hommes, dans leur proportion et sans frais, à l'activité de la vie religieuse, philosophique, scientifique, littéraire et politique, comme elles participent à la vie physique par des aliments moins chers, mais aussi nourrissants : voilà cette pensée! Je n'ai pas le temps de vous la développer ici, mais qu'il vous suffise de savoir que pour la réaliser il ne faudrait qu'un million par an. Oui, il suffirait qu'un million de citoyens bien intentionnés souscrivissent à ce subside des masses pour un franc par an seulement, pour une de ces petites pièces de monnaie qui glissent entre les doigts sans qu'on les retienne, ou que la distraction jette mille fois par an à la moindre fantaisie du jour ; et cette pensée se réaliserait, et la civilisation descendrait comme le nuage sur les lieux inférieurs pour verser partout sa pluie ou sa rosée. Quelle révolution morale n'opérerait pas en dix ans, sur l'intelligence, sur les idées, sur les mœurs, sur le bien-être des masses cette infiltration quotidienne et universelle de la lumière dans leurs ténèbres, de la pensée dans leur assoupissement!

Elles sont à l'ombre, et vous les mettriez au soleil; tout fermenterait, tout germerait, tout fructifierait. Je ne crains pas d'affirmer qu'en peu d'années votre peuple politique serait changé. Mais, me direz-vous, pourquoi ne l'exécutez-vous pas? Parce que je n'ai pas le million à moi tout seul, parce qu'il n'y a pas en ce temps-ci en France une idée qui pèse contre un écu. Que les bons citoyens trouvent le million, moi je me charge de trouver les hommes.

Ces hommes seraient au fond le véritable pouvoir moral de la nation, les administrateurs de la pensée publique, le concile permanent de la civilisation moderne ; n'y a-t-il pas là de quoi tenter de nobles et ambitieux dévouements? Oui, il y a aujourd'hui partout deux espèces de gouvernements, celui qui administre et celui qui règne. Celui qui règne, c'est celui qui pense. Il est au-dessus du premier; mais ce gouvernement de la pensée publique a besoin comme l'autre d'unité d'action et d'organes. Le journal populaire ainsi conçu serait le code de ce gouvernement par la pensée; l'association en serait le budget et l'armée ; les premiers écrivains du siècle en seraient les ministres. Réfléchissez-y : il y a en ce temps-ci quelque chose de plus beau que d'être ministre de la chambre ou de la couronne, c'est d'être ministre de l'opinion !

Adieu, mon cher collègue, je jette à vous et à votre œuvre tout ce que j'ai : un cœur, une foi, et une voix.

Al. DE LAMARTINE.

Saint-Point, 6 juillet 1843.